LE
NOUVEAU PROJET DE LOI

sur

L'ARBITRAGE INDUSTRIEL

FACULTATIF

par

EUGÈNE D'EICHTHAL

(Extrait du *Journal des Economistes*)

PARIS
LIBRAIRIE GUILLAUMIN ET Cⁱᵉ

Éditeurs de la Collection des principaux Économistes, du Journal des Économistes
Du Dictionnaire de l'Économie Politique,
du Dictionnaire universel du Commerce et de la Navigation, etc.
Rue Richelieu, 14.

1892

LE NOUVEAU PROJET DE LOI

SUR

L'ARBITRAGE INDUSTRIEL FACULTATIF

Le projet de loi sur *la conciliation et l'arbitrage facultatif en matière de différends collectifs entre patrons et ouvriers ou employés*, déposé récemment par le ministre du Commerce, M. J. Roche, à la Chambre des députés, est une tentative qui a pour but, comme l'indique son titre même, d'entourer de conditions légales une démarche facultative des ouvriers ou patrons de l'industrie en vue de trancher pacifiquement leurs dissentiments ; dissentiments qui, dans les circonstances actuelles, se terminent trop souvent par la grève et par tous les désordres qu'elle entraîne. L'intention est louable, personne n'en peut douter. A-t-elle, dans le projet de loi soumis aux Chambres, abouti à une solution pratique ? C'est ce qui vaut la peine d'être examiné et ce que nous nous proposons, dans ces courtes réflexions, de discuter.

I

L'exposé des motifs du législateur est très bref : il renvoie pour les développements concernant les avantages de l'arbitrage et les antécédents de la question, aux rapports présentés en tête des projets de loi, déjà nombreux, d'initiative individuelle ou gouvernementale, qui ont été proposés sur le même sujet sans avoir abouti, projets de loi dont le plus important a été, il y a cinq ans, celui de M. Lockroy, auquel d'ailleurs le ministre actuel fait de larges emprunts [1].

Si bref qu'il soit, le présent Exposé des motifs met cependant en relief quelques-uns des principes sur lesquels, guidé par les récentes discussions du Conseil du Travail, s'est appuyé l'auteur du projet ministériel, et quelques-uns des résultats qu'il prétend poursuivre. Ces principes sont assez contradictoires : « Tout d'abord, dit l'auteur, nous avons voulu non pas imposer l'arbitrage, mais bien en faciliter l'usage en

---

[1] Voir dans le *Journal des Économistes* du 15 mars 1887, notre critique de ce projet de loi. Voir aussi le projet Lamarzelle et de Mun (1887).

instituant une procédure simple, entièrement gratuite, susceptible de s'appliquer presque instantanément dans tous les cas, dans tous les lieux, et avec le moindre dérangement possible. Il fallait que cette procédure convînt aussi bien aux conflits intéressant un seul atelier ou une seule usine, qu'à ceux qui s'étendent à tous les établissements d'une industrie, dans plusieurs communes ou sur toute une région, et qu'elle pût même, le cas échéant, s'appliquer aux différends qui surgissent dans des travaux temporaires, à personnel nomade, comme certains travaux d'agriculture ou de terrassement ».

La tâche que poursuit le législateur n'est pas, on le voit, par l'ampleur même qu'il lui assigne, aisée à remplir. Le ministre suppose que les entrepreneurs et les ouvriers en désaccord n'ont pas réussi par eux-mêmes à constituer des arbitres appelés à les départager. Il leur offre un intermédiaire légal : cet intermédiaire est le juge de paix. Une des parties doit déclarer au juge de paix « du canton ou de l'un des cantons où existe le différend » qu'elle demande l'arbitrage. Qui remettra cette déclaration ? Là le législateur reste dans le vague et il affirme qu'il y demeure de propos délibéré : « Les patrons ou les ouvriers peuvent soit ensemble, soit séparément, en personne ou par mandataires », adresser au magistrat désigné une déclaration contenant les noms et domiciles des demandeurs, ceux des personnes auxquelles la proposition d'arbitrage doit être notifiée, les noms et domiciles des délégués choisis par les demandeurs. Le juge de paix, dans les vingt-quatre heures, notifie la requête des demandeurs à la partie adverse. Celle-ci doit répondre dans le délai de trois jours. L'absence de réponse est considérée comme un refus et rendue publique « par affichage à la place réservée aux publications officielles ». En cas d'acceptation, les défendeurs doivent constituer un nombre de délégués égal à celui des demandeurs. Les délégués des deux parties forment « le Conseil de Conciliation » qui délibère en présence du juge de paix, sans que celui-ci ait voix délibérative. Si l'accord s'établit, il est consigné dans un procès-verbal rédigé par le juge de paix. S'il ne s'établit pas, ce dernier invite les parties à désigner soit chacune un arbitre — les deux arbitres désignés pouvant instituer un tiers-arbitre — soit un arbitre commun. Si les arbitres n'arrivent pas à s'entendre, l'échec de l'arbitrage sera consigné par procès-verbal, adressé au ministère et affiché dans les communes par les soins du maire. S'ils s'entendent, leur décision sera portée à la connaissance des parties et « lorsque cette décision aura fixé les conditions du travail, elle fera foi en justice pour le règlement des litiges individuels, à moins de conventions contraires ».

Telle est la procédure proposée pour résoudre ou prévenir les difficultés accidentelles survenues dans le domaine industriel. L'auteur du projet juge qu'elle pourrait servir à l'état permanent par une simple déclaration des parties ; les comités d'arbitrage transformés en comités de conciliation, restés en fonctions après la solution du dissentiment passager qu'ils ont aplani, seraient libres de désigner « des arbitres permanents ou accidentels, dans la profession ou en dehors », et ils seraient ainsi toujours prêts à intervenir dans les différends collectifs entre ouvriers et patrons.

II

Dans cet ensemble de dispositions, l'ingérence de la loi ou de la magistrature est, on le voit, réduite en apparence à un minimum ; et si l'on admet que le législateur ait à s'immiscer d'une façon quelconque dans les matières que le présent projet a la prétention de régler, il est difficile, au premier abord, de restreindre son intervention plus que ne l'a fait le Ministre. Reste à examiner si l'action législative est aussi bornée qu'il paraît, si elle tournera au profit des intérêts qu'on veut servir, ou si elle sera ou bien inefficace ou bien nuisible.

Il est d'abord à remarquer, et l'auteur du projet ne le dissimule pas, qu'après divers essais, les pays étrangers ont renoncé à tout appareil législatif en matière de conciliation industrielle, ou bien ont imaginé des rouages qui ne conviennent ni à nos mœurs ni à nos institutions. L'Angleterre qui, depuis de longues années, voit fonctionner avec succès la conciliation et l'arbitrage en matière de conflits entre patrons et ouvriers, ne fait pas appel aux autorités administratives ou à la magistrature régulière pour constituer ces « Boards of conciliation and arbitration » permanents qui, fondés par des hommes de bonne volonté, ont dénoué pacifiquement tant de dissentiments économiques[1].

---

[1] Voir notre étude sur ces Conseils, *Revue des Deux-Mondes*, 15 juin 1871, et pour les années plus récentes, Robert Spence Watson, *Boards of arbitration and Sliding scales*, et Henry Crompton, *Industrial conciliation*, traduit par M. Weiler sous le titre : *Arbitrage et conciliation*. Les *acts* du 6 août 1872 et du 1er septembre 1875 ont donné certaines facilités pour organiser la juridiction arbitrale et surtout encourager les contrats par lesquels patrons et ouvriers s'engagent en cas de dissentiment à recourir aux arbitres : ceux-ci, en réalité, ont continué à jouer un rôle absolument extra-légal. Les *boards* permanents, constitués en grande partie grâce au concours des *Trades Unions*, éclairent en temps de paix les ouvriers sur les conditions générales de la production, sur le taux des salaires, sur les prix de vente dans les autres centres industriels

La Belgique a récemment institué des « Conseils de l'industrie et du travail » qui, nés d'hier, ne peuvent, l'auteur du projet le déclare lui-même, fournir un enseignement de quelque valeur. D'autre part, elle a prouvé par l'institution libre des bureaux de conciliation des charbonnages de Mariemont l'efficacité des rouages dus à l'initiative privée [1]. Les essais faits par l'Allemagne, d'un arbitrage obligatoire, n'ont pas été jusqu'ici sanctionnés par la pratique. Aux États-Unis, divers États ont récemment essayé d'instituer légalement des *Courts of arbitration* qui sont autorisées à offrir leur entremise en cas de dissentiment, mais dont les décisions n'ont pas de sanction. Ces *Courts* d'États datent seulement de 1886. On ne peut guère encore juger définitivement de leur action. A côté d'elles l'arbitrage libre fonctionne avec succès comme en Angleterre[2]. L'exemple des autres peuples ne peut donc nous servir d'encouragement dans la voie législative : ce ne serait pas cependant un motif suffisant pour nous dissuader, dans des conditions administratives, morales et sociales très différentes de celles de nos voisins, d'essayer le recours légal aux magistrats. Aussi nous proposons-nous de chercher dans le projet ministériel lui-même et dans des raisons de fait plutôt que dans ce qui se passe hors de nos frontières, des arguments pour ou contre la valeur des mesures soumises actuellement au Parlement.

De ce point de vue, à notre avis, et en se plaçant exclusivement sur le terrain pratique, le projet soulève de graves objections : la première touche à l'indétermination même où le législateur a entendu demeurer en ce qui concerne la qualité ou le nombre des personnes fondées à déposer entre les mains du juge de paix la demande d'arbitrage. Autoriser un nombre, si réduit qu'il soit, de personnes, qu'elles se trouvent ou non en possession d'un mandat régulier, qu'elles soient ou non du pays, attachées ou non d'une façon normale à l'industrie en jeu, à déférer devant la justice de paix les patrons d'une usine ou d'une agglomération ouvrière, sous peine pour ceux-ci de voir leur refus de comparaître affiché par me-

---

et parviennent souvent ainsi, par une sorte d'influence modératrice, à prévenir les réclamations ou les prétentions excessives des deux parties. Ils ont parfois institué avec succès des échelles de salaires variables suivant les prix de vente (*sliding scales*).

[1] Voir les instructives publications de M. J. Weiler, ingénieur, promoteur e t propagateur de ces utiles institutions.

[2] Voir entre autres sur le Conseil de conciliation des chapeliers de Danbury (Connecticut), le *Moniteur des syndicats* n° de septembre 1891.

sure administrative, — nous paraît des plus périlleux et contraire à la simple équité. Quelle est la responsabilité des représentants ouvriers qui auront déposé la demande d'arbitrage? Elle est nulle. Ils peuvent se rendre populaires à bon compte et sans aucun risque, en protestant bruyamment contre les conditions, souvent pénibles assurément et propres à émouvoir, faites au travail salarié, en revendiquant une amélioration de ces conditions en faveur de laquelle l'arbitrage, les faits l'ont prouvé, se prononce presque toujours dans une certaine mesure, en dénonçant à l'opinion publique des patrons qui auront l'air de repousser toute tentative de conciliation et d'entente avec ceux qui travaillent sous leurs ordres. Dans les territoires industriels étendus, ceux où les grèves sont le plus à redouter, auxquels le législateur doit avant tout songer, s'il veut, d'une façon générale, préserver la paix économique, n'est-il pas à craindre qu'une minorité turbulente, sans cesse prête à soulever des conflits, qui en tire sa popularité, la satisfaction de ses ambitions politiques, et souvent sa vie matérielle, ne se serve du recours à la justice de paix pour ameuter les ouvriers contre les entrepreneurs; que ceux-ci, mis en demeure d'accepter une intervention arbitrale vis-à-vis de leur personnel salarié, ne soient acculés à une situation déplorable, entre les inconvénients graves et multiples que soulève un pareil débat avec la publicité et l'éclat qu'il entraine, et le danger de s'y dérober par le silence ou par un refus?

Dans ces conditions, l'affichage de droit se tourne exclusivement contre les chefs d'industrie, qui, seuls, ont un nom, un être moral à préserver, qui ont besoin d'être assurés, en cas de troubles, du concours de la force publique, soutenue par la sympathie ou au moins la neutralité de l'opinion, pour sauvegarder leurs établissements et faire respecter l'ordre; tandis qu'aux ouvriers cette même menace d'affichage n'est d'aucune conséquence. Il faudrait au moins, pour justifier l'intervention administrative, que la requête d'arbitrage et la désignation des délégués signées par un nombre d'intéressés qui, après vérification, auraient été constatés représenter une proportion donnée, par exemple la moitié ou le tiers de la totalité du personnel, si elles obligeaient le juge de paix à convoquer la partie adverse, ne lui conférassent aucun droit d'affichage en cas de refus. La presse locale, au service des intérêts privés, se chargerait, sans mandat administratif, de faire connaître les divers incidents de l'affaire et l'opinion serait bien suffisamment renseignée sans la publicité officielle.

« Dans un pays où le peuple règne, disait M. Lockroy dans son projet de 1886, la publicité donnée aux pièces du procès, puis aux jugements, la nation prononçant pour ainsi dire en dernier ressort et comme juge suprême, n'est-ce pas là de quoi faire reculer les coupables, et inspirer le respect de la loi ? » Tout esprit de bonne foi n'y verra qu'un moyen d'intimidation contre les chefs d'entreprises, moyen mis à la portée des meneurs, sans aucune responsabilité pour ceux-ci ni pour les masses anonymes qu'ils agitent. D'une façon générale d'ailleurs l'idée qui consiste à faire à tous moments intervenir l'opinion publique comme juge dans les conflits industriels, nous semble absolument contraire au but qu'on dit vouloir atteindre, c'est-à-dire la paix dans le champ de la production. Rechercher dans cette rumeur bruyante organisée autour d'un dissentiment relatif à une hausse ou à une baisse de salaires, un moyen de faire prévaloir la conciliation, c'est une erreur extraordinaire et profonde. Que les politiciens, que certains journaux qui en vivent, s'attachent à passionner par leurs discours ou leurs déclamations les conflits industriels, il n'y a pas là de quoi surprendre. Mais ce qui est moins aisé à concevoir, c'est le rôle du législateur poussant lui-même les parties à sortir de la sphère bien circonscrite où devraient se débattre ces questions d'intérêt privé, à grossir leur différend pour mieux en saisir le public, à faire une question générale et nationale de ce qui aurait dû rester un litige local et restreint. Comment d'ailleurs l'opinion, naturellement et légitimement sympathique aux efforts des travailleurs pour améliorer leur sort et se défendre contre la puissance du capital, peut-elle avec quelque impartialité, sous prétexte de suivre de près ces débats où s'agite l'existence de tant d'êtres humains, intervenir dans des examens de faits et de chiffres où elle est absolument incompétente et prendre le rôle que M. Lockroy lui traçait dans ces termes : « Déjà, dans les dernières grèves, l'influence de l'opinion publique semble avoir été plus forte que la volonté des parties. Elle a pour ainsi dire imposé bien des fois des dénoûments : l'important est de la saisir des questions sociales, de l'obliger à se prononcer et à agir.

— Aussi chacun des actes relatifs à la grève doit donner lieu à des commentaires et à des discussions fructueuses. Dans la presse, comme dans le public, ces discussions et ces commentaires fourniront un grand courant d'opinion qui viendra soutenir les décisions arbitrales et qui rendra impossible au condamné de se soustraire à l'arrêt prononcé contre lui. » C'est attribuer à l'opinion une fonction qui ne doit pas lui appartenir.

En ce qui concerne l'adoption d'une demande d'arbitrage par un nombre d'intéressés suffisamment considérable pour motiver l'intervention du juge de paix, on a vu, par le dernier plébiscite qui s'est produit avant l'ouverture de la grève récente du Pas-de-Calais, les mineurs de cette région entrer à peu près dans la voie que nous indiquons. Avant de procéder à l'abandon du travail, ils ont voté, et c'est après la constatation d'une majorité (plus ou moins discutable) en faveur du chômage volontaire, qu'ils ont déclaré la grève. Il y a là un antécédent dont on pourrait tenir compte en le régularisant, sans se dissimuler pourtant que dans la pratique on se heurtera probablement à de grandes difficultés.

III

Une question bien importante est soulevée par l'art. 12 du projet de loi qui établit que « lorsqu'une décision de conciliation ou d'arbitrage aura fixé les conditions du travail, elle fera foi en justice pour le règlement des litiges individuels, à moins de conventions contraires » ; ce que l'exposé des motifs complète par cette déclaration : « Les décisions conservées en minute aux greffes des justices de paix, affichées sur réquisition des intéressés, par les soins des maires, dans les cadres réservés aux publications officielles, constitueront pour tous les patrons et ouvriers de la profession qui n'auront pas fait de conventions contraires, une sorte de charte coutumière à laquelle devront se rapporter les tribunaux compétents pour juger les différends individuels. » En réalité, si sa rédaction peu claire se comprend bien, le législateur voudrait autant que possible, on le voit, transformer en jurisprudence les sentences prononcées par les arbitres. C'est une des tendances les plus graves de la loi nouvelle. Les parties, il est vrai, ont le droit de convenir avant l'arbitrage que la sentence s'appliquera seulement au cas présent : mais il y faudra une convention formelle et c'est un premier obstacle au succès des négociations qui doivent se produire entre les deux camps. La question a tant de gravité pour l'avenir qu'avant de s'engager chacun voudra savoir exactement à quoi il s'engage : c'est tout autre chose pour des patrons ou des ouvriers d'accepter une modification momentanée qui pourra être remaniée à court délai, ou de consentir définitivement à une mesure irrévocable. Dans le premier cas la pacification a des chances d'aboutir parce que chacun sent que l'espoir d'une réforme lui reste pour un jour qui n'est peut-être pas éloigné : dans le second la crainte de créer un précédent qui aura force de loi empêchera les parties d'accepter des concessions qui pourraient devenir funestes par leur caractère général et permanent.

Toute cette partie de la loi est mal venue et devrait être supprimée. L'arbitrage exclut l'idée d'irrévocabilité résultant *ipso facto* de la sentence des arbitres. Le principe dont il s'inspire repose précisément sur la possibilité de réserver l'avenir, de sauvegarder la liberté individuelle pour des contrats ultérieurs. Vouloir que des parties s'engagent, sauf stipulation contraire, en se mettant d'accord sur un litige déterminé, à se lier pour tous les différends futurs, c'est risquer qu'elles ne s'entendent jamais [1]. C'est le contraire qui doit exister; et le droit commun y pourvoit suffisamment, en permettant les conventions sur ce point comme sur d'autres.

IV

On est ainsi ramené, par les objections que soulèvent quelques-uns des points essentiels du projet de loi, aux obstacles qui surgissent en tout état de cause dès qu'on veut faire intervenir l'autorité administrative dans les matières si délicates du règlement des salaires et des autres conditions de la main-d'œuvre. La difficulté d'assurer une sanction à la sentence arbitrale est telle qu'elle avait toujours jusqu'ici fait reculer le législateur.

En 1848 la Commission de la Constituante chargée d'examiner un projet de loi sur les coalitions, chercha, sans y réussir, à faire prévaloir en cas de grève l'intervention du Conseil des prudhommes ou, à son défaut, d'un comité composé en nombre égal de patrons et d'ouvriers. En 1864, le rapporteur de la Commission qui élaborait la nouvelle loi sur les coalitions, — M. Emile Ollivier — reprit ce projet et formula une proposition assez précise sur le rôle des tribunaux d'arbitrage et sur le mode de nomination des comités, qui, à défaut du conseil des prudhommes, devraient trancher les différends industriels. Avant que les ouvriers se missent en grève ou que les patrons fermassent leurs ateliers, les uns et les autres devaient comparaître devant les arbitres et leur soumettre le dissentiment près d'éclater, sans quoi les non-comparants seraient passibles d'une amende et de la privation des droits politiques. Les objections de principe et de fait que souleva cette proposition la firent abandonner. Pour rendre le système efficace il aurait fallu donner force de loi à la sentence arbitrale : car la laisser sans sanction c'était imposer aux parties en présence une formalité vaine : il suffisait que les ouvriers ou les patrons décidés à l'ouverture des hostilités apportassent devant le tribunal des prétentions notoirement exagérées, pour

---

[1] Voir ce que dit sur ce point M. Henry Crompton, *op. cit. trad. franç.*, p. 23 : « Donner une forme permanente et systématique aux arbitrages, serait un danger aussi grand que le système des grèves qu'on veut remplacer. »

que le rôle de celui-ci fût absolument inefficace. Il serait réduit à infliger aux uns ou aux autres un blâme platonique et le conflit éclaterait après un simple retard de quelques heures ou de quelques jours. D'ailleurs comment même arriver à obliger les deux parties à recourir au tribunal d'arbitres ? Les patrons peuvent dans certains cas être facilement frappés. Etant peu nombreux, connus, saisissables dans leurs propriétés, il est relativement aisé de les punir d'une amende ou de leur infliger la privation de leurs droits politiques : du côté des ouvriers rien de pareil. Dans la plupart des établissements modernes, ceux-ci constituent une masse confuse et fuyante, qui se dérobe rapidement à toute recherche et à toute responsabilité.

La difficulté ou l'injustice d'une sanction pénale est encore, sans qu'on ait besoin d'y insister, bien plus grande en ce qui concerne l'obéissance des parties à la sentence arbitrale. « Lorsque, disait avec beaucoup de netteté l'exposé des motifs de M. Lockroy, on se trouve placé entre deux intérêts différents dont l'un est souvent représenté par une seule personne, l'autre par un millier d'individus, il est impossible d'imaginer une sanction pouvant s'appliquer équitablement aux deux parties. S'il est facile d'agir sur un particulier et de le condamner à l'amende et à la prison, il est impossible de contraindre les masses salariées, ou à travailler, ou à reprendre leur travail, ou à en accepter tel ou tel prix. Elles échappent par leur nombre aux répressions ordinaires, et la loi qui voudrait les y soumettre serait une loi sans justice [qui deviendrait bientôt inapplicable, ou plutôt qui resterait lettre morte... [L'impossibilité d'atteindre les employés couvre les employeurs et rend inutile et inefficace toute sanction. »

Conséquent avec ces idées et reconnaissant l'impossibilité d'une sanction à la fois pratique et équitable de la sentence arbitrale, le législateur actuel propose en apparence de ne lui en donner aucune, ce qui paraît assez contradictoire avec l'idée que l'esprit se fait habituellement d'une loi. « La sanction des décisions des comités d'arbitrage, dit le projet en son art. 1er, réside dans la loyauté, l'esprit de justice et l'honneur des parties ». Attendre tant des vertus humaines, c'est presque déclarer qu'une loi est inutile, et c'est risquer de diminuer le magistrat qui devra l'appliquer. Mais l'assertion de l'auteur du projet de loi n'est pas exacte. La loi, nous venons de le voir, telle que la formule le projet, a une sanction : c'est l'affichage par voie administrative, et c'est ce qui nous paraît tout à fait abusif contre les patrons, ce qui nous semble de nature à ajouter de nouvelles suspicions à celles qui existent déjà, de nouveaux griefs à ceux qui

divisent d'une façon déplorable les collaborateurs de l'œuvre industrielle; ce que, par conséquent, nous croyons, en tout état de cause
devoir être repoussé.

En somme, il faut que le législateur prenne parti : ou bien il doit
se désintéresser complètement de l'arbitrage — et c'est à notre avis
la solution qui serait la meilleure — ou bien, s'il confie à un magistrat le pouvoir et le devoir d'intervenir, il doit établir nettement les
cas peu nombreux et bien définis où celui-ci est fondé à mettre en
jeu l'appareil législatif en convoquant les défendeurs, et ceux dans
lesquels il doit rester sourd aux réclamations des parties. Dans aucune circonstance il ne doit recourir à l'affichage administratif.

Dans aucun cas aussi la sentence d'arbitrage ne doit de par la loi
seule faire jurisprudence officielle pour d'autres conflits.

Circonscrite dans ces conditions rigoureuses et réduite à ces pro-
portions modestes, l'intervention des juges de paix pourrait, dans les
dissentiments limités à un personnel peu nombreux, touchant à des
litiges de moindre importance, avoir quelques conséquences favo-
rables : pour prévenir ou dénouer les conflits étendus, embrassant de
vastes industries, le recours à un conseil permanent organisé libre-
ment en temps de paix, alors que les imaginations sont calmes et les
esprits rassis, sur le modèle de ceux qui fonctionnent en Angleterre
dans certains districts manufacturiers, et en Belgique dans les houil-
lères de Mariemont, sera toujours, nous le croyons, plus efficace que
les rouages légaux et administratifs, si minime que soit la part attri-
buée à la loi ou au fonctionnaire chargé de l'appliquer. Les syndicats
industriels pourraient beaucoup dans cette voie. Ce serait une des
parties les plus utiles de leur tâche et qui justifierait le mieux la
loi de 1884 qui leur a donné une existence régulière. Ils réussiraient
d'autant plus sûrement à remplir ce rôle que, sans arriver aux syndicats mixtes qui nous paraissent une utopie, ils fonderaient en
temps normal, comme quelques-uns du reste l'ont déjà fait avec
succès, un rouage de conciliation, prêt à se mettre en mouvement
dès qu'un conflit serait sur le point d'éclater. Ils pourraient souvent
même prévenir les dissentiments en maintenant entre les parties
des habitudes de discussion calme. En dehors de ces institutions
permanentes qui sont encore trop rares dans notre pays, le récent
succès de l'arbitrage libre dans la grève des mineurs du Pas-
de-Calais est un argument à citer en faveur de la non intervention de l'État dans ces subtiles matières. En repoussant
l'ingérence des arbitres, inconsidérément désignés par le ministre,
et en nommant eux-mêmes des délégués auxquels ils ont remis

le soin de leurs intérêts, ouvriers et patrons ont montré qu'ils considéraient comme dangereuse l'immixtion administrative et qu'ils préféraient nettement l'action individuelle.

Le Gouvernement peut indirectement, dans certains cas, et en y apportant beaucoup de tact, exhorter les parties à se servir d'un excellent procédé de terminer amiablement des conflits qui, en se prolongeant et en se développant, menaceraient l'ordre public en même temps qu'ils troublent profondément l'organisme industriel. Il lui est à peu près interdit d'aller plus loin sans voir son initiative inefficace, ce qui est toujours fâcheux pour les pouvoirs publics, ou son impartialité compromise, et compromise dans un sens qui n'est pas de nature à encourager l'esprit d'entreprise déjà comprimé ou menacé dans notre pays par tant de mesures et de projets nettement empreints de socialisme d'État. Son rôle en temps de grèves, est avant tout, et il ne le remplit pas toujours avec assez d'énergie, d'assurer la liberté du travail, en défendant ceux qui ne veulent pas chômer, contre l'oppression des grévistes : rôle qui n'est pas aisé, mais qui s'impose à tout gouvernement ayant conscience de son devoir et voulant contribuer à la paix industrielle. Celle-ci est inséparable de la prospérité générale et de l'activité de nos régions manufacturières. Or ce n'est pas par l'arbitrage plus ou moins obligatoire malgré les apparences, qu'on rendra confiance à nos chefs d'industrie, inquiets de nos révolutions douanières, troublés des responsabilités de tout genre qui pèsent sur eux, en butte à l'hostilité non déguisée de certains représentants du vote populaire, hors d'état, trop souvent, de prendre sur leurs bénéfices de quoi satisfaire aux réclamations de leurs collaborateurs du travail manuel, ce dont l'opinion publique tient rarement compte, anxieux enfin du peu de sauvegarde que leur assurerait le gouvernement du suffrage universel, s'il ne veillait soigneusement sur certaines de ses tendances, mortelles pour l'initiative productrice, funestes au bon ordre du comptoir et de l'usine.

Paris. — Typ. A. Davy, 52, rue Madame. — Téléphone.

DU MÊME AUTEUR

Socialisme, Communisme et Collectivisme, coup d'œil
sur l'histoire et les doctrines, 1 vol. in-18. Guillaumin et Cie,
éditeur (1892).

CPSIA information can be obtained
at www.ICGtesting.com
Printed in the USA
LVIC050901270513
335568LV00003B